(Conserver la couverture)

UN

JEUNE POÈTE

IMPROVISATEUR

A L'ÉCOLE FÉNELON.

LA ROCHELLE,

IMPRIMERIE J. DESLANDES.

RUE DU TEMPLE, Nº 19.

1876

UN

JEUNE POÈTE

IMPROVISATEUR

A L'ECOLE FÉNELON.

UN JEUNE POÈTE

IMPROVISATEUR

A L'ECOLE FÉNELON

———◆———

Plus d'un cœur de père ou de mère a tressailli peut-être en lisant ce titre. Un jeune poète à l'école Fénelon ? Un poète improvisateur ? Quel talent précoce vient de se révéler ? La Gloire, non moins capricieuse que la Fortune, quoique plus clairvoyante, vient-elle chercher sur les bancs même du collége, une de ces jeunes intelligences qui s'épanouissent sous la douce influence des études littéraires ?

La société d'élite, qui se trouvait réunie le 27 novembre à l'école Fénelon, ne se méprend pas sur le jeune improvisateur dont je parle. Elle l'a déjà nommé. M. Besse de Larzes laisse dans son souvenir une trace qui ne s'effacera pas de longtemps. Aussi, mon admiration, j'en suis sûr, ne sera pas taxée de naïf enthousiasme, si j'ose dire que le talent du poète a dépassé toute prévision.

Je voudrais retracer ici cette brillante soirée littéraire. Les annales, encore peu volumineuses, de l'Ecole Fénelon, réclament cette page que le poète lui a faite digne d'elle et digne de lui.

Au frontispice de ces annales est inscrit le nom de l'auguste fondateur. Ce nom, chaque page le redit avec amour. Je suis heureux de placer celle-ci, à l'exemple des autres, sous son aimable patronage. Monseigneur a bien voulu, en effet, présider cette fête de sa famille, et par sa présence en rehausser l'éclat.

Une salle, décorée avec goût, attendait le brillant auditoire ; elle indiquait, par son aspect, le caractère de la soirée. Les armes, les tentures, les guirlandes faisaient ressortir, au milieu de l'éclat des lumières, une galerie d'écussons dont chacun proclame une des gloires littéraires d'Athènes, de Rome, et de notre France.

A sept heures, sa Grandeur suivie d'un cortège nombreux, vient prendre place au siège d'honneur. Aux cris de « Vive Monseigneur, » qui saluent son entrée, répond une douce harmonie. Car, disons-le tout d'abord, la musique et la poésie, ces deux arts célestes, s'étaient donné rendez-vous : la musique, poésie de l'âme, la poésie, musique de l'intelligence et du cœur. Laquelle mérite la primauté ? *Adhuc sub judice lis est.* J'éprouverais le même embarras si je voulais l'établir entre les interprètes que ces deux sœurs, filles du ciel, s'étaient choisis. Qu'il me suffise de nommer MM. Rideau, Macias, Ehkirch, Rousselle, Ferrand, dont le talent n'est plus à louer.

I

M. Besse de Larzes justifie dans son sens le plus littéral le vieil adage : *nascuntur poetœ*. Dès sa plus tendre jeunesse,

Il a senti du ciel l'influence secrète.

Poète, il l'est. Les accents qui s'échappent de son âme, au premier appel de l'inspiration, le prouvent assez. Mais il joint à ce mérite un talent plus rare, celui d'improvisateur. On se rappelle le succès prodigieux obtenu dans ce genre par le comte E. de Pradel (1). M. de Larzes, je ne crains pas de le dire, peut soutenir hardiment la comparaison.

Notre poète est dans tout l'éclat de la jeunesse. Il a 28 ans. Il se présente avec la grâce, la distinction d'un troubadour gentilhomme, mais aussi avec la modestie d'un poète chrétien. Le voici en présence de son auditoire :

« Le programme de l'improvisation est des plus étendus. Il comprend tous les genres, depuis l'humble quatrain jusqu'à la tragédie en cinq actes..... Nous pourrions commencer par quelques rimes jetées au hasard. Je les attends de votre extrême bonté. »

Monseigneur veut bien donner les premières. Sa Grandeur ne se doute pas qu'elle fournit au

(1) Notre compatriote. Il était né à l'île d'Oleron.

poète des armes qui vont se tourner contre elle. Mais à de telles blessures, tout le monde applaudira.

Les rimes pleuvent de toutes parts. La préoccupation ne paraît pas être d'établir un rapport d'idées entre elles, tout au contraire.

Palmier, ramier, génie, harmonie, Fénelon, ballon, La Rochelle, échelle, coquet, guet, etc...

L'improvisateur ne demande pas même une minute de réflexion. Il se contente de relire les rimes à haute voix, comme pour bien faire ressortir le côté critique de sa situation ; puis, il commence aussitôt :

Comme sur d'humbles fleurs s'étend un vert *palmier*,
Fort comme le lion, doux comme le *ramier*,
Un illustre prélat créa par son *génie*,
Ce séjour rayonnant d'esprit et d'*harmonie*.
C'est à lui que l'on doit l'Ecole *Fénelon*,
Où je vais dans mes vers rouler comme un *ballon*.
Quand j'ai dû visiter les murs de *La Rochelle*,
J'ai grimpé sur un train comme sur une *échelle*.
Pour rimer devant vous d'un style plus *coquet*,
Que n'ai-je le talent du poète Rain*guet* !
Je serais plus heureux, bien que ma verve *cloche*,
Que si l'or de Rothschild brillait dans ma *sacoche*,
Si le bon colonel (1), qui m'a donné *bonbon*,
Mettait, pour applaudir ma rime sur *canon*,
Tout l'entrain qu'il a mis devant les *baïonnettes*.
Du bonhomme Apollon touchant les *épinettes*.
De l'eau de l'Hippocrène ayant fait ma *boisson*,
J'y nage nuit et jour comme un simple *poisson*,
On le voit, mon esprit est souvent sans *finesse*,
Et mes vers quelquefois ont manqué de *justesse* ;
Mais dans ce jour mon cœur ferait vraiment *tic-tac*,
Pour vos bravos aux vers tirés de mon *bissac*.

1. M. le lieutenant-colonel de Gourville, présent à la séance.

Les applaudissements, mal contenus dès les premiers vers éclatent bientôt :

Que n'ai-je le talent du poète Rain*guet*.

Merveilleux à-propos ! Délicatesse et présence d'esprit plus merveilleuses peut-être ! Le vénérable auteur d'*Ixile* et de *Sainte-Eustelle* était dans l'auditoire. Aussi serais-je tenté de croire qu'il y a deux parts à faire dans les applaudissements qui ont salué ce gracieux éloge. La modestie du jeune improvisateur se contentera, je n'en doute pas, de la plus faible part.

A cette première improvisation, couronnée par d'énergiques bravos, succède une charmante bluette.

« Si vous le voulez bien, dit M. de Larzes, nous allons essayer maintenant quelques *vers blancs* ; mais voici dans quelles conditions. Vous m'imposerez tel sujet qu'il vous plaira, et chacun de mes vers devra se terminer par les chiffres successifs 1, 2, 3, 4, jusqu'à 10. Auriez-vous la bonté de m'indiquer le sujet qui a vos préférences ? »

Au milieu de quelques murmures timides, une voix domine : « Le melon ! chantez-nous le melon ! » — « Soit ! le melon. » Et, comme la première fois, sans réclamer une seule minute de réflexion, le poète répond :

D'un melon bien mûri que j'aime le parf*um*,
Les gourmands aiment tous à le voir auprès *d'eux*.
Les Grecs en mangeaient-ils à la guerre de *Troie* ?
Sans m'occuper des Grecs, j'en mange comme *quatre*.

Le melon aux repas est un régal fort *sain*,
Il me semble plus doux que le jus du *cassis*.
Pour faire un bon dîner, c'est la bonne *recette*,
Devant ce fruit exquis le chagrin prend la *fuite*,
Pour ma part, chaque été, j'en mange un morceau *neuf*,
Et j'espère en manger jusqu'au De profun*dis*.

M. de Larzes a eu raison de le dire, le programme de l'improvisation est des plus étendus. Il est aussi des plus variés. Voici les *rapprochements imprévus*. Il s'agit de choisir deux mots les plus hétéroclites possible ; on les donne au poète, qui doit trouver un rapport d'idées entre eux, et l'exprimer dans la limite de quelques vers.

Aussitôt les imaginations se mettent en quête. On cherche ; rien n'est assez disparate. M. Besse, par une inspiration gracieuse, veut favoriser lui-même cette innocente conjuration :

« Pendant que ces Messieurs ont la bonté *d'improviser* la matière de mes rapprochements, je demanderai à mon auditoire la permission de lui réciter une romance que j'ai composée il y a quelques jours, dans une circonstance semblable. Je lui donnerai pour titre une expression populaire et touchante, que vous avez tous entendue plus d'une fois :

ÇA FERAIT PLEURER LE BON DIEU.

Enfants, quand le printemps va luire,
Comme vous pur et gracieux,
Quand de mai le premier sourire,
Semble se mirer dans vos yeux,

Au jardin, plein de fleurs écloses,
Dans l'ardent tourbillon du jeu,
Enfants, ne brisez pas les roses :
Ça ferait pleurer le bon Dieu.

Sur les nids, si chauds et si frêles,
S'éveillent des oiseaux charmants,
Et leurs pauvres petites ailes
Ont déjà des frémissements.
Quand vous folâtrez sous la branche,
Le front brûlant, le cœur en feu,
N'arrachez pas le nid qui penche :
Ça ferait pleurer le bon Dieu.

Sa providence, bonne et douce,
Comme sur eux veille sur vous :
S'il leur fit des berceaux de mousse,
Il vous a fait des nids plus doux.
Lorsqu'à ces heures éphémères,
Tout vous sourit sous le ciel bleu.
Ne faites pas pleurer vos mères :
Ça ferait pleurer le bon Dieu.

Imagine-t-on rien de plus frais, rien de plus gracieux ? Et n'ai-je pas eu raison de dire que M. de Larzes est poète dans le sens le plus élevé du mot ?

De la hauteur à laquelle l'improvisateur venait de s'élever, il fallut descendre pour recueillir les mots disparates demandés : *Lire, renard.— Ame, soulier.— Aigle, bonnet de coton.— Ange, crapaud.*

M. Besse répond :

LIRE, RENARD.

Aux dindons le renard fait une rude guerre.
Un certain sieur Renan fit un livre naguère.
Le livre était mauvais, quoique écrit avec art,
    Hélas ! les dindons en délire,
    S'aperçurent, voulant le *lire*,
Que Renan n'était qu'un *renard*.

AME, SOULIER.

L'esprit divin partout fait rayonner sa flamme.
On obtient son salut aux plus humbles métiers.
Autrefois saint Crépin, en faisant des *souliers*,
Fit briller saintement les splendeurs de son *âme*.

AIGLE, BONNET DE COTON.

Le bon roi d'Yvetot, peu fameux par ses armes.
    N'était pas un *aigle*, dit-on.
Dans son humble palais, sans tracas, sans alarmes.
Pour couronne, il portait un *bonnet de coton*.

ANGE, CRAPAUD.

L'abbé Vaison possède un talent sans mélange
Pour défendre de Dieu le sublime drapeau.
Quand, dans la cathédrale, il prêche comme un *ange*.
Le diable dans son trou rentre comme un *crapaud*.

In caudâ venenum, dit le proverbe. La modestie prise à l'improviste, a pu nommer ce dernier *trait* la flèche du Parthe. Mais M. Besse s'est justifié d'avance en nous avertissant qu'il se trouvait la veille à la cathédrale « *Ipsum audivimus.* »

Ici s'est terminée la première partie de la séance. Le poète demande quelques minutes de repos qui permettent à nos artistes rochelais de nous faire admirer un des brillants morceaux de leur répertoire.

II

Dix minutes se sont à peine écoulées. M. de Larzes rentre dans la salle, nous apportant de nouvelles richesses.

« Messieurs, je viens d'apprendre qu'une fanfare va bientôt s'organiser dans cette maison et faire retentir vos murs de ses notes joyeuses. Nous pourrions dès aujourd'hui lui souhaiter la bienvenue. »

Quelques rimes, empruntées pour la plupart aux divers instruments sont offertes au poète. On y joint les noms de nos futurs artistes. Ils justifieront, n'en doutons pas, les prédictions de M. Besse.

A cette petite pièce, qui a obtenu surtout un succès d'actualité, qu'on me permette de substituer un spirituel bout-rimé, destiné lui aussi aux enfants de l'école, et composé sur les rimes fournies par eux. M. de Larzes en effet, toujours plein de délicatesse, a craint d'avoir fait la part trop modeste à nos écoliers. Il a bien voulu leur donner le lendemain une séance intime, où les plus jeunes imaginations ont pu se livrer à leurs joyeux ébats :

*Platon, marmiton, Tacite, marmite, chaumière,
soupière, etc...*

Le sire de Bismarck, qui se croit un *Platon*,
Du diable dans Berlin s'est fait le *marmiton*.
Mais le diable un beau jour, aussi fier que *Tacite*,
Mettra son marmiton au fond de sa *marmite*.
Il est venu manger dans nos pauvres *chaumières*,
La soupe qui fumait au fond de nos *soupières*.
Comme un sombre voleur, au fond de sa *besace*,
Un jour il emporta la Lorraine et l'*Alsace*.
Dans le siège, Paris rêvant en vain de *miche*.
En guise de civet avalait un *caniche*.
Les chats en ce moment tenaient lieu d'*alouettes*,
Et l'on mettait, hélas ! les souris en *brochettes*.
Les Prussiens sous Paris portaient leur *arsenal*.
Chaque canon brillait comme un sombre *fanal*.
Et le tocsin en vain faisait vibrer sa *cloche*.
Ils ont mis, ces gens-là, notre argent dans leur *poche*.
Mais malgré tout l'orgueil de leur vieille *patrouille*,
Leur casque n'est au fond qu'une cloche à *citrouille*.
Dans l'avenir aussi les prenant pour *plastron*,
Frappons tous sur Bismarck comme sur un *chaudron*.
A ce moment, soldats, vifs comme le *moineau*,
Vous irez renverser les Prussiens au *carreau* :
Et puis, mes chers enfants, dans ce jour *triomphal*,
Vous prendrez Curnillon pour votre *général*.

L'infatigable poète réclame de nouvelles rimes. Mais vraiment il les épuise avec une telle rapidité qu'on a peine à le suivre. On cherche, et pendant ce temps, il nous récite une seconde romance, digne en tous points de prendre place à côté de la première :

L'ÉTOILE VOYAGEUSE.

Ces vives lueurs, ces perles filantes,
Que l'on voit rouler au brillant séjour,
Font luire trois nuits leurs flammes naissantes.
Mais doivent mourir le troisième jour.

Fleur du paradis, rose lumineuse,
Que la main de Dieu venait d'éveiller.
Une étoile au ciel, blanche voyageuse,
Par les chemins bleus se mit à briller.

La première nuit, radieuse et fière,
L'étoile aperçut dans un froid logis
Une pâle enfant, modeste ouvrière,
Les doigts fatigués et les yeux rougis.
De son faible cœur s'échappe une plainte.
La lampe mourait.... Comment travailler ?
Mais l'étoile d'or sur la lampe éteinte,
Jusqu'au jour nouveau se mit à briller.

Les anges au ciel emportaient une âme.
Pendant qu'ils montaient, ivres de clarté,
Près de l'enfant mort une pauvre femme
Pleurait à genoux dans l'obscurité,
Lorsque tout-à-coup, céleste éphémère,
L'étoile dorant l'ombre du foyer,
Mêla ses rayons aux pleurs de la mère,
Et jusqu'au matin se mit à briller.

La troisième nuit, faible et pâlissante.
Dans une humble église, à l'autel béni.
Elle confia sa lueur mourante,
Songeant qu'au matin tout serait fini.
Mais Dieu, juste et bon, la fit immortelle.
Car pour lui le bien ne peut s'oublier.
Et depuis ce jour elle est la plus belle,
De celles qu'aux cieux nous voyons briller.

On a réuni quelques rimes. M. Besse les recueille : *Dieu, lieu, étoile, voile,* etc.

Ecoutons :

Hier, dans votre ville, on fêtait au saint *lieu*
Un noble vétéran des grands combats de *Dieu*.
Cinquante ans, sa vertu brilla comme une *étoile* ;
Il vous montrait le ciel sans obstacle et sans *voile*.

> Son tendre dévouement vous assurant un *port*,
> Du pécheur repentant excitait le *transport*.
> Les anges conduisaient sa pieuse *nacelle*.
> Sa douce charité, voyageuse *hirondelle*,
> Pour le pauvre ouvrier ou pour l'humble *marin*,
> En rose transformait l'épine du *chemin*.
> Hier, dans cette ville, on couronnait sa *gloire*.
> On vit se réjouir, en ce jour de *victoire*,
> Où le plus beau discours coulait comme le *miel*, (1)
> Les chrétiens sur la terre, et les anges au *ciel*.

Je craindrais d'altérer par un commentaire la perfection de cet éloge, dont la délicatesse est au niveau de la simple vérité. Jamais applaudissements n'ont été plus chaleureux et plus sincères. Que le vénérable doyen du clergé de La Rochelle en conserve l'écho comme l'expression de cette piété filiale, dont le 26 novembre rappellera longtemps l'éclatante manifestation.

Nous avons admiré déjà bien des tours de force. En voici un d'un genre différent. Il s'agit d'un pastiche des poètes contemporains. A cette évocation, les noms de Lamartine et de Victor Hugo se présentent d'eux-mêmes à l'esprit. Prenons donc Lamartine et V. Hugo.

« Maintenant, Messieurs, voudriez-vous choisir le thème de cette imitation ? » « *Casserole* », dit une voix. Oh ! casserole. On se récrie, on se demande si jamais Lamartine eût accepté un pareil sujet de *Méditation*. Mais le poète ne paraît pas du tout effrayé. « Bien ! *casserole*. »

---

(1) Allusion au discours de Monseigneur.

Style de Lamartine.

Il est des souvenirs dans nos cœurs enfermés
Qui rayonnent sur nous en rayons parfumés.
Pour ma part, en errant de colline en colline,
Depuis l'aube, au moment où le soleil s'incline,
Que l'horizon soit noir ou qu'il rayonne pur.
Avec l'astre éclatant dans un cercle d'azur,
J'aime à me reporter aux jours de ma jeunesse,
A ces jours sans nuage et pleins de douce ivresse,
Où Dieu mêlait pour nous dans un rayon vainqueur,
Les roses sous nos pas, l'espoir dans notre cœur.
Ce qui ressort pour moi des ombres du nuage,
C'est une blanche tête au radieux visage,
Qui se penche sur moi souriant doucement.
J'étais enfant, j'allais appeler grand'maman.
Elle faisait surtout, l'excellente nature,
Une délicieuse et bonne confiture,
Et mes cris s'en allaient réveillant les échos,
Quand elle avait cueilli là-bas les abricots.

Je revois grand maman, front ceint d'une auréole,
Fondant les abricots dans une casserole

Ecoutons maintenant V. Hugo.

« Style de V. Hugo », dit M. Besse, et soudain ses cheveux se hérissent... par l'effet d'un geste rapide. La sibylle est sur le trépied:

Les ténèbres montaient claires sur le ciel sombre.
Car le rayonnement est parfois fils de l'ombre,
Et les ténèbres ont comme un rayonnement
Qui plonge dans les flots de l'éblouissement.
Je chassais ; je traînais à ma suite morose
Mon chien et mon fusil, la bête avec la chose
Le soir était venu, quand je vins à passer
Dans un bois où l'on voit les étoiles danser
A travers les trous bleus laissés entre les branches.
Si bien que le bois noir avait des lueurs blanches :
Mon chien, pensif, suivait la trace de mes pas
Et je lui dis : O chien, l'homme ne te vaut pas
Tout-à-coup, en passant près d'un chêne difforme.

Dans l'ombre j'aperçus quelque chose d'informe.
C'était un objet sombre, horrible, fabuleux,
Incroyable, pensif, sublime, noir, visqueux.
Et fouillant les replis de mon cerveau morose,
J'allais, me demandant quelle était cette chose.
Un homme, qui criait comme quatre damnés,
Me dit d'un ton pleurard : «Ça, Monsieur, c'est mon nez.
Hier, ayant trop bu de ce vin qui console,
Je me le suis grillé contre la casserole. »

On devine le succès de ce morceau. La photographie n'obtient pas de si parfaites ressemblances. Pour moi, je n'ai qu'une crainte, celle que V. Hugo, trompé lui-même, ne vienne réclamer la paternité de l'œuvre.

Les heures du plaisir sont rapides. M. de Larzes, avant de nous quitter, a voulu se faire l'interprète de tous, et déposer aux pieds de Sa Grandeur l'hommage de notre reconnaissance :

Un grand cœur de l'étude a béni les *berceaux*.
Ici l'aigle chrétien veille sur les *oiseaux*.
De ses brillants discours la puissante *lumière*
Fait naître sous nos pas les fleurs de la *prière*.
Mais dans votre cité l'Ecole *Fénelon*.
De sa riche couronne est le plus beau *fleuron*.
Ce séjour gracieux me semble offrir l'*image*
D'un nid pur et charmant caché dans le *bocage*.
Aussi, vous le savez, dans ce charmant *séjour*,
Vos cœurs à Monseigneur font un trésor d'*amour*.
Il est par ses vertus et par sa *bienveillance*
L'amour de la Rochelle et l'honneur de la *France*.

L'auditoire s'était fait complice de l'improvisateur en lui fournissant les rimes. Mais il a réparé sa faute en applaudissant le succès de la conspiration.

Je termine avec le poète par la *balle au bond*. C'est le tour de force le plus surprenant de tous ceux auxquels nous venons d'assister. Voici en quoi il consiste; ni les rimes, ni le sujet ne sont connus à l'avance de l'improvisateur, de sorte qu'il lui est impossible de former le moindre plan. Le sujet ne lui est donné qu'au moment même où il doit commencer. Quant aux rimes, elles lui sont fournies seulement une à une. La première rime donnée, le poète improvise immédiatement son vers ; on lui jette la seconde, il continue, en prenant le double engagement de ne pas hésiter et de ne pas s'écarter de l'unité du sujet. Il demande seulement qu'on lui fasse connaître à l'avance la dernière rime, par la raison toute naturelle que sa phrase, sans cette précaution, s'exposerait à rester inachevée.

Les rimes sont réunies. Une voix se fait l'interprète de tous : « L'Eglise et la France. Notre dernière rime sera *gloire*, et voici la première : *France*.

L'improvisateur répond :

Dieu veille dans les cieux sur l'Eglise et la France.

« Souffrance ! »

Il peut changer en un jour l'ombre de la souffrance.

Voici le morceau :

L'ÉGLISE ET LA FRANCE.

Dieu veille dans les cieux sur l'Eglise et la *France*.
Il peut changer en jour l'ombre de la *souffrance*,
Les chrétiens sortiront vainqueurs des grands *combats* ;
Dieu dans l'azur bénit les siens jusqu'au *trépas*.

Notre France est en deuil ; en pleurs est notre *Eglise*,
Et dans leur sein, hélas ! le même cœur se *brise*.
Mais l'aurore succède aux ténèbres du *soir*.
Nous gardons dans nos cœurs un grand trésor, *l'espoir*.
Attendons et prions, car Dieu seul connaît *l'heure* ;
Le Christ s'inclinera vers son peuple qui *pleure*.
Pie IX, le grand Pie IX, verra la *papauté*.
Conduire tous les cœurs à *l'immortalité* ;
Dieu rendra tôt ou tard, sainte et double *victoire*,
A Pie IX sa couronne, à la France sa *gloire*.

Ce fut le dernier chant du poète. Le temps, qui efface tout, affaiblira peut-être, mais ne détruira pas l'écho de ces mâles accents, qui vibrent encore dans nos cœurs.

En terminant ce compte-rendu rapide d'une charmante soirée littéraire, qu'il me soit permis de rendre hommage, non plus seulement au talent merveilleux du jeune improvisateur, mais à une qualité plus précieuse, je veux dire à la noblesse de ses inspirations. On l'a remarqué sans doute, M. de Larzes est un poète chrétien. « Sa muse pure et noble emprunte au ciel ses accents les plus mélodieux ; il semble écouter la voix d'un bon Ange, et ne touche du doigt que les cordes les plus délicates de sa lyre inspirée. » Cette parole a été dite de lui, il y a onze ans, alors que M. Besse débutait dans la carrière poétique. Et M. W. Moreau ajoutait : « Ah ! qu'il chante longtemps, qu'il chante toujours sous cette docile inspiration..... Noble enfant de la sainte poésie, je te souhaite un cœur jeune toujours, un cœur inondé comme aujourd'hui de la sève catholique » M. Besse a suivi ce conseil. Il a marché dans la voie tracée par son ami. Il y a trouvé la gloire, une gloire noble et pure. Qu'elle soit la récompense des heures délicieuses qu'il nous a procurées.

Un professeur de l'Ecole.

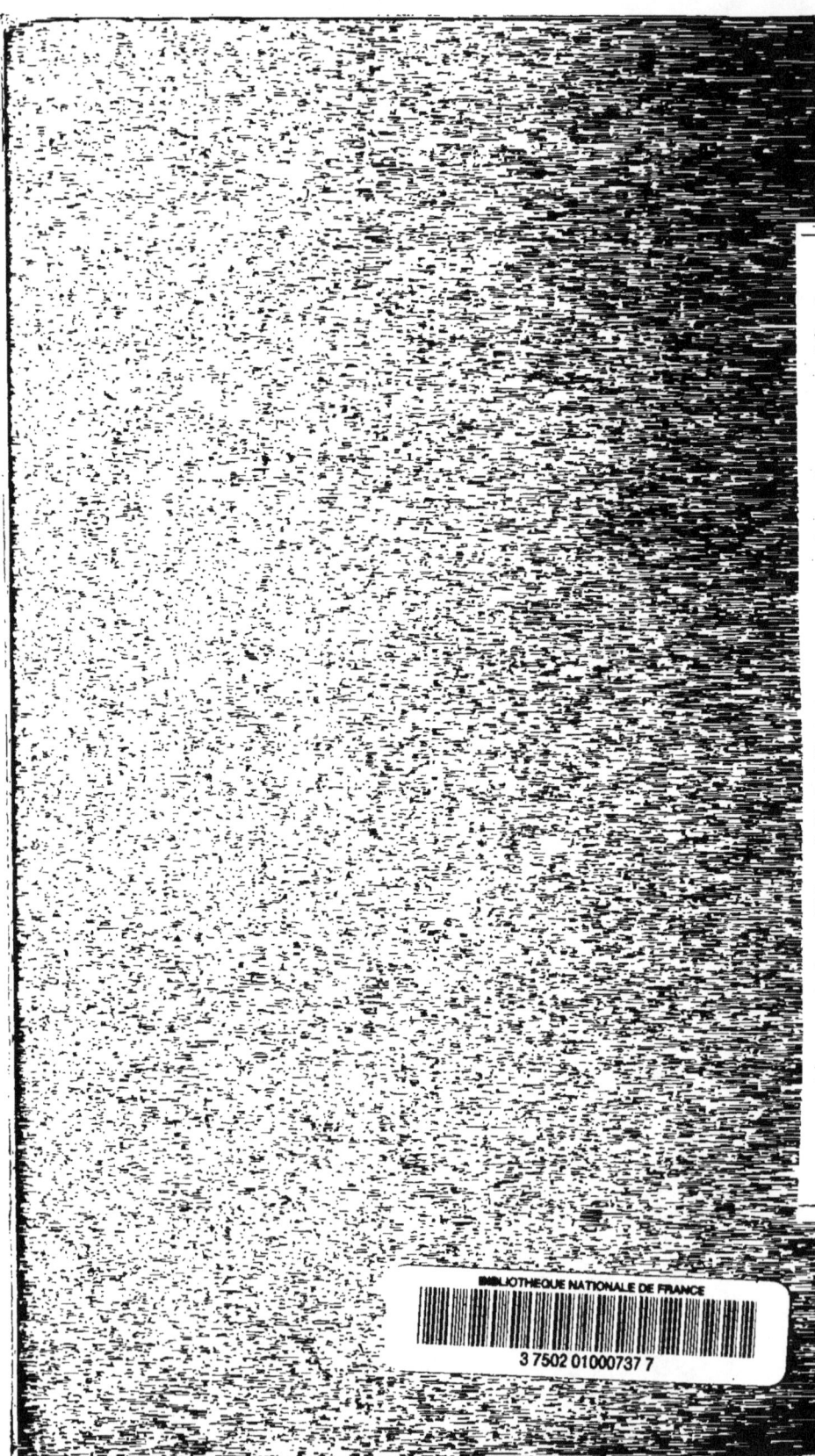

www.ingramcontent.com/pod-product-compliance
Lightning Source LLC
Chambersburg PA
CBHW060619050426
42451CB00012B/2340